図解 イスラーム教とその運動

渥美堅持 著

立花書房

はじめに

　今，世界はイスラーム教徒の動向に注目しています。かつてエジプトの観光地ルクソールを訪ねた日本人観光客10人がイスラーム過激集団の犠牲となったのをはじめ，インドネシアのバリ島，そしてニューヨークで起きたあの9.11事件でも多くの犠牲者を出しました。いまだ日本でイスラーム過激派による悲劇は起こされていませんが，今後もこのような現状が続くという保障はありません。イスラーム過激集団によるテロ，いわゆるイスラーム・テロは，何の前触れもなく突然発生します。その時点で全ての悲劇は終了するという厄介な事件です。よって，その対策は事件発生以前に行われるべきということになります。そのためには，彼らの行動を知る必要があります。この講義メモは，そのためのものです。

　平成19年6月

東京国際大学大学院国際関係研究科教授
拓殖大学イスラーム研究所客員教授
警察大学校専門講師
　　渥美　堅持

目　次

1. イスラーム教とは …………………………………… 6
2. イスラーム教の目的 ………………………………… 8
3. 神と教徒の関係 ……………………………………… 10
4. 教徒と教徒の関係 …………………………………… 12
5. イスラーム教に見る連帯意識の創設 ……………… 14
6. 6信の目的とその効果 ……………………………… 16
7. 5行の目的とその効果 ……………………………… 18
8. イスラーム教を特徴づける喜捨という行為 ……… 20
9. 巧妙な喜捨のシステム ……………………………… 22
10. 法解釈者のいる世界 ………………………………… 24
11. モザイク的なイスラーム世界 ……………………… 26
12. イスラーム教徒の日常生活 ………………………… 28
13. 聖なる金曜日の重要性 ……………………………… 30
14. ジャーミゥ（モスク）とは ………………………… 32
15. ジャーミゥの隠れた機能 …………………………… 34
16. イスラーム運動の発生 ……………………………… 36
17. 運動の源泉「イスラームは最後の啓示」………… 38
18. 穏健派イスラームと過激派イスラーム …………… 40
19. 穏健的イスラーム運動 ……………………………… 42
20. 過激的イスラーム運動 ……………………………… 44
21. 過激派運動で注目される「聖戦」とは …………… 46
22. 国際的テロ集団としてのアル・カーイダ ………… 48

23. 神学論不在の「イスラム国」……………………… 50
24. さまざまなテロリスト達 ……………………………… 52
25. 「アラブの春」に見る政教分離の嵐，
    「イスラーム」は耐えられるか …………………… 54

参考文献
「イスラーム過激運動」渥美堅持著，東京堂出版
「イスラーム教を知る事典」渥美堅持著，東京堂出版

① イスラーム教とは

　イスラーム教はユダヤ教，キリスト教と根を同じくする律法の宗教です。律法の宗教とは，神（イスラーム教においてはアッラー）の法により律される宗教を意味します。教徒はムスリムと呼ばれ，アッラーと直接対峙し，つながります。アッラーとムスリムの間には何者も，いかなる組織も介入することを認められていません。このため，イスラーム世界は組織のない，指導者のいない世界となりました。もちろん，生活する上での組織があり，指導者もいますが，それは絶対的なものではなく，アッラーだけが全ての権利を保有し，アッラーのみが主権を持っています。

　イスラーム教には「アル・クラーン」（コーラン）と呼ばれる，ユダヤ教の旧約聖書，キリスト教の新約聖書に相当する律法の書がありますが，この2つの聖書が神の言葉とそれ以外の言葉により構成されているのに対して，クラーンはアッラーの言葉だけで成っています。文章は美しいアラビア語で書かれ，朗読することにより，その美しさは一段と輝きを増し，多くの教徒を陶酔させ，興奮させ，感動させます。クラーンに書かれていることが，全イスラーム教徒を1つにする言葉，すなわち律法であり，それを解説し実行した預言者の言行録（ハディース）とともに，イスラーム教の根本を形成しています。

アッラー（神）

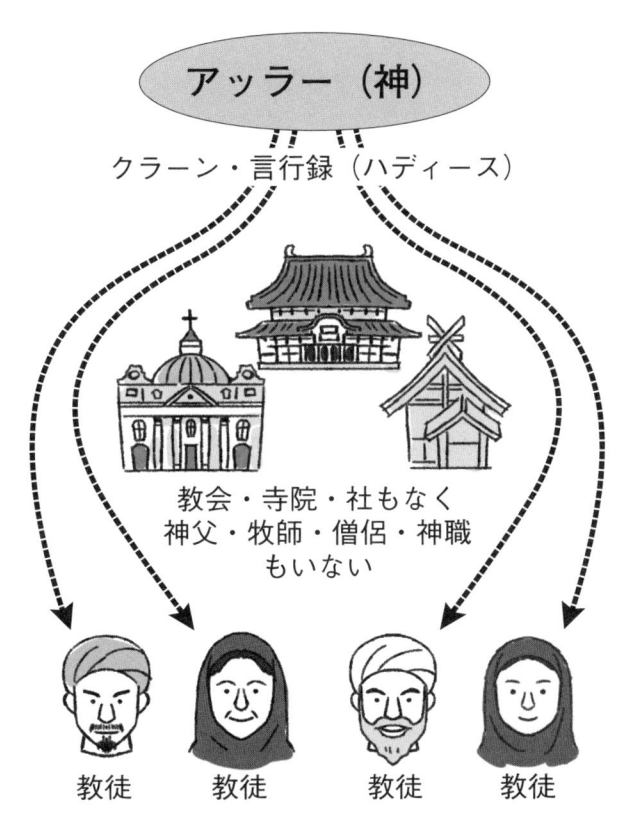

クラーン・言行録（ハディース）

教会・寺院・社もなく
神父・牧師・僧侶・神職
もいない

教徒　教徒　教徒　教徒

② イスラーム教の目的

　イスラーム教は，日本の聖徳太子とほぼ同じ時代に生きたムハンマドを預言者とする律法の宗教です。イスラーム教徒は言います。アッラーは，最初旧約聖書（ユダヤ教）を下ろし，次に新約聖書（キリスト教）を下ろした。しかし，アッラーとの約束を履行しなかったため，最後に「アル・クラーン」（イスラーム教）を下ろしたと。すなわち，イスラーム教は一神教における最後の宗教であり，アッラーの最後の言葉，すなわち律法であるというのです。後にこのような認識が，イスラーム運動の源泉を作ることになります。

　7世紀半ば，アラビア半島に居住し，同じ言葉を話し，同じ先祖を持っていたアラブ人が，2つのグループに分かれ，砂漠という環境の中で生死の境を巡る争いを日夜繰り返していました。生きるための略奪を正義とする砂漠の世界では，一滴の水，一片のパンで生死が決まります。血の団結を中核とする部族世界では，他部族との共存は考えるべくもなく，略奪戦が果てることなく続けられていました。しかし，このような環境を是正し，同じ先祖を持つ者同士が共存する方法を模索する動きが現れました。こうして登場したのが「神の啓示」，「神の法」でした。ムハンマドが言葉を預かる者，すなわち預言者として，神とアラブの間を法の糸で結び，水と食料を分配する世界をつくり，平和になりました。こうして，神の法はイスラーム教として定着しました。

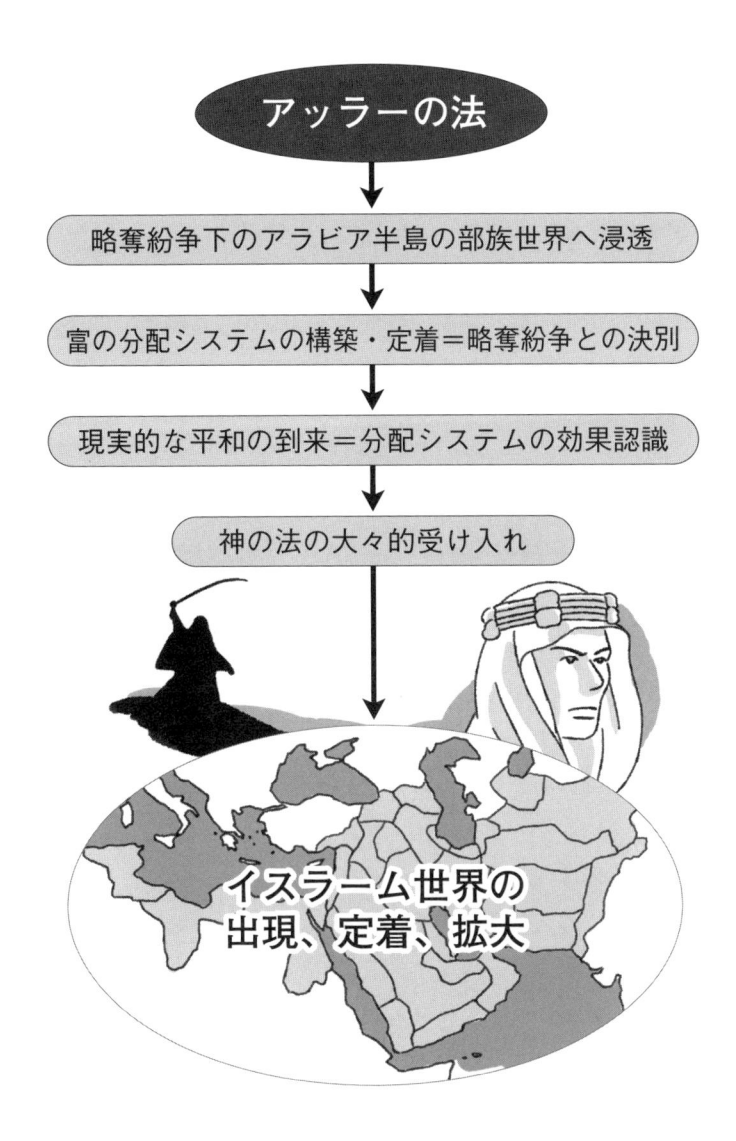

```
アッラーの法
    ↓
略奪紛争下のアラビア半島の部族世界へ浸透
    ↓
富の分配システムの構築・定着＝略奪紛争との決別
    ↓
現実的な平和の到来＝分配システムの効果認識
    ↓
神の法の大々的受け入れ
    ↓
イスラーム世界の出現、定着、拡大
```

③ 神と教徒の関係

　イスラーム教では，キリスト教のようにこの世を神の住む「聖なる世界」と人の住む「俗なる世界」とには分けません。「聖俗の区別なき世界」がイスラーム教の特徴です。日本ではイスラーム教の寺院と見られているモスク（礼拝所）は，キリスト教の教会や仏教の寺院のような聖なる場所ではないのです。アッラー（神）は，常に身近に存在していると考えられています。

　アッラーは主人であり，人は奴隷である。イスラーム教は，アッラーと人間の関係をこのように規定します。この場合，人間とはイスラーム教徒のことをいい，他の宗教徒は関係がありません。キリスト教やユダヤ教が，それぞれの教徒のみを人間と考えているように，イスラーム教の場合も，人間といえばイスラーム教徒，すなわちムスリムを指すのです。

　教徒がアッラーの奴隷であるということは，アッラーは常に教徒の側にあるということを意味しています。奴隷は自由人ではないので，主人の側を離れることはできません。アッラーと人間は，1つの世界に共存しているということになります。よって，教徒のいるところにはアッラーもまた存在していると解釈されるのです。ここからイスラーム教徒独特の世界観が生まれ，イスラーム教徒に対する攻撃はアッラーに対する攻撃である，と同時にイスラーム世界に対する攻撃でもあるとの考えが生まれるのです。

キリスト教世界　イスラーム教世界

神の世界（教会）

教徒の世界

アッラー

教徒（奴隷）

④ 教徒と教徒の関係

　イスラーム世界では人が人に命令することはできません。たとえ国王であっても，イスラーム教（アッラーの命令）に反する命令はできません。もし国王がアッラーの命令に反した命令を出した場合には，その命令を無視することが正しい決定ということになります。イスラーム世界は，アッラーと教徒（ムスリム）が直接つながっているため，国王であっても，その間に割り込むことはできないのです。イスラーム教徒のテロリストが人質を取った場合に，そのテロリストと関係のある人間，あるいは国王に解放を頼んでも効果がないのはこのためです。

　「イン・シャー・アッラー」とは，アラブのイスラーム教徒が会話の中でよく使う言葉で，「もしアッラーが認めたならば」という意味です。イスラーム教徒の行動は全てアッラーの認めたものでなければならないのです。これは端的にイスラーム世界を表現する言葉であり，教徒同士の関係もまた，全てアッラーの意思に任されているという意味でもあります。このように，教徒それぞれの意思が認められない世界であるため，我々の考えている組織が存在しない世界ということになります。イスラーム世界における教徒間の関係は，アッラーを通してのみ成立するということになるのです。

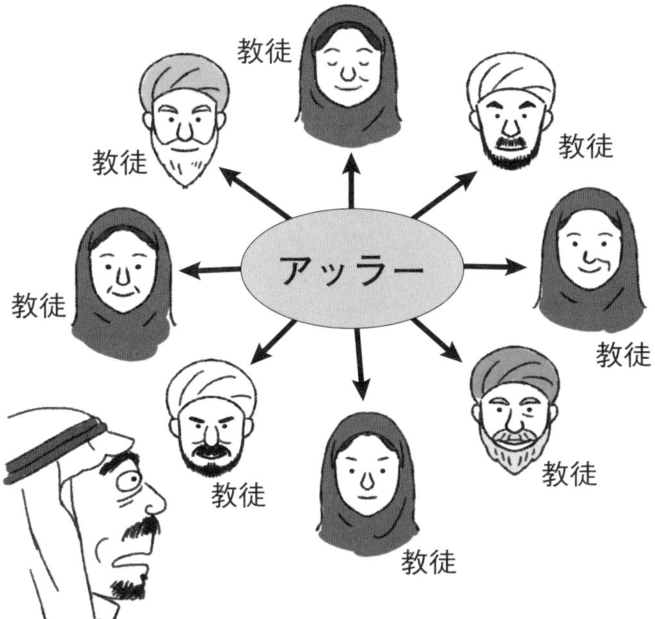

⑤ イスラーム教に見る連帯意識の創設

　イスラーム世界は，アッラーと教徒が直接結びつく世界であり，教徒と教徒がアッラーを経由してつながる世界です。教徒と教徒が直接結びつく世界ではありません。しかも，教会も寺院もなく，僧侶，神父もいない世界です。ならば，教徒同士の連帯意識はどうして成立するのでしょう。

　そもそもイスラーム教の目的は定着，遊牧の部族世界の破壊でした。砂漠という環境と血族集団である部族の存在が民族の危機をもたらしていたため，新しい秩序の到来を期待していたところへ，イスラーム教が定着し，部族意識が破壊され，平和が到来したのですが，部族意識の完全な抹消は難しいものでした。そこで，アッラーはイスラーム教徒に同じ行動をとらせることによって，この問題を解決しました。それが，6つの信仰と5つの行為（6信5行）をイスラーム教徒に義務づけることでした。

　6信5行は，イスラーム教徒の日常生活を特徴づけると同時に，共通の世界観，仲間意識を植え付けるものです。6信とは，アッラーを信じ，アッラーの天使を信じ，アッラーの経典を信じ，アッラーの預言者を信じ，最後の審判の日を信じ，天命を信じることです。5行とは，信仰の告白，礼拝，喜捨，断食，巡礼の5つの義務を行うことです。

部族 部族構成民

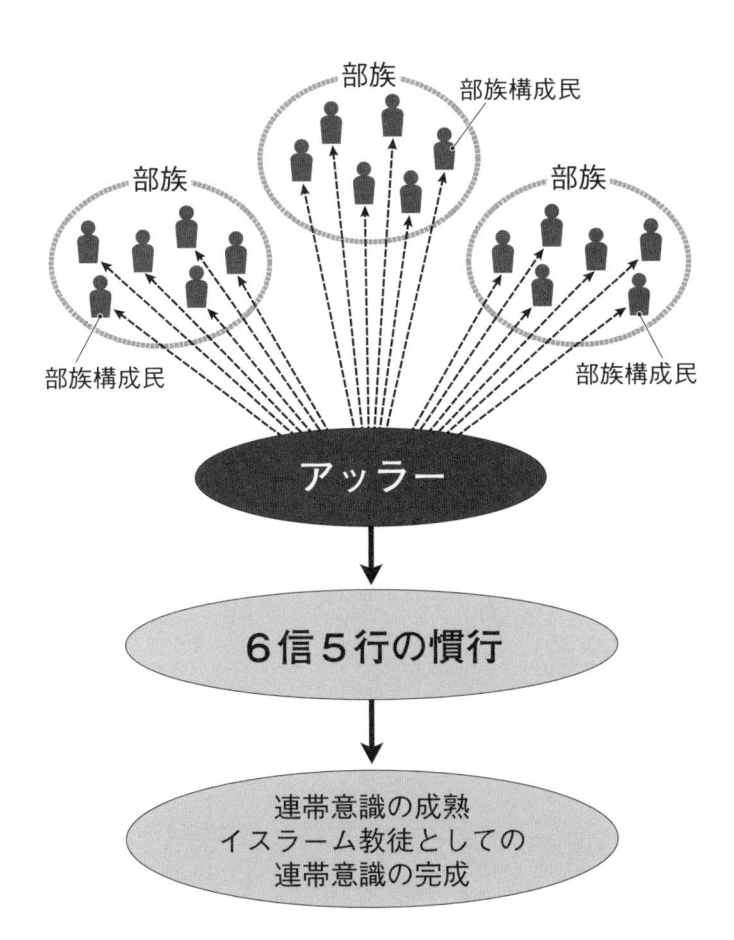

部族

部族 部族構成民

部族構成民

アッラー

6信5行の慣行

連帯意識の成熟
イスラーム教徒としての
連帯意識の完成

⟨6⟩ 6信の目的とその効果

　イスラーム教徒が信じる6項目を総称してイマーン（信仰）といいます。この6つの項目を信じる人間をイスラーム教徒（ムスリム）といいます。すなわち，6信はアッラーへの服従を示し，同じ神を信じているという連帯意識を持たせるものなのです。

　この6つの項目を信じ，義務を果たすことによって，さまざまな部族に属していたアラブ人が，イスラーム教徒としての連帯意識の下に，1つの世界を作ることになりました。ばらばらな部族民がイスラーム教徒となり，連帯することを可能にしたのです。6信は，後に異民族にイスラーム教が拡大する過程でも，民族間の壁を壊し，イスラーム教徒としての連帯意識を与えることによって，ムスリムの民による世界をこの世に出現させたのです。よってこの6つの項目は，イスラーム教徒にとって極めて重要なものなのです。

　アッラーの存在を信じ，天使の存在を信じ，経典を信じ，ムハンマドが預言者であることを信じ，さらに己の全てを天命にゆだねること，この世がアッラーの判断により最後の日を迎え，その折りにイスラーム教徒は審査を受け，来世を迎えることになるという結末を信じること。この6つを疑いもなく信じた人がイスラーム教徒，連帯意識を持つイスラーム世界の人となれるのです。

人間

イマーンの世界
- アッラーを信じる
- アッラーの天使を信じる
- アッラーの経典を信じる
- アッラーの預言者を信じる
- 最後の審判の日を信じる
- 天命を信じる

↓

イスラーム教徒になる

⟨7⟩ 5行の目的とその効果

　6つの信仰は，連帯意識の定着を可能としました。同じ世界観を持っているという認識は，部族を超え血のつながりを超えて同じ仲間であるという意識を持たせました。しかし，これだけでは十分ではありませんでした。同じ世界の中に住む仲間としての実感を持つためには，行動・儀式が必要でした。それが5行です。それは，血族を超え民族を超えた真の同胞意識を完全に定着させました。

　5行は，信仰の告白，礼拝，喜捨，断食，巡礼によって成り立っています。「信仰の告白」は，「アッラー以外に神はなく，ムハンマドは神の使徒なり」ということを宣することにより，イスラーム教徒であることを明確に示すものです。サウジアラビア王国の国旗をはじめ，イスラーム世界のあらゆるところで書かれています。

　「礼拝」，「断食」，「巡礼」は，全イスラーム教徒が同じ時刻，同じ月に行う行動です。特に「礼拝」と「巡礼」は，マッカ（メッカ）という同じ方向に向けた行動です。礼拝は，同じ時刻，同じ方向に向かって行うことによって一層連帯性を強めるものです。また，断食も，太陽が出てから沈むまでの間，食料，水，タバコ等の摂取を一切禁じ，日没をもって全てから解放されるものであり，苦しみと喜びを共有することによって仲間意識を強く育みます。

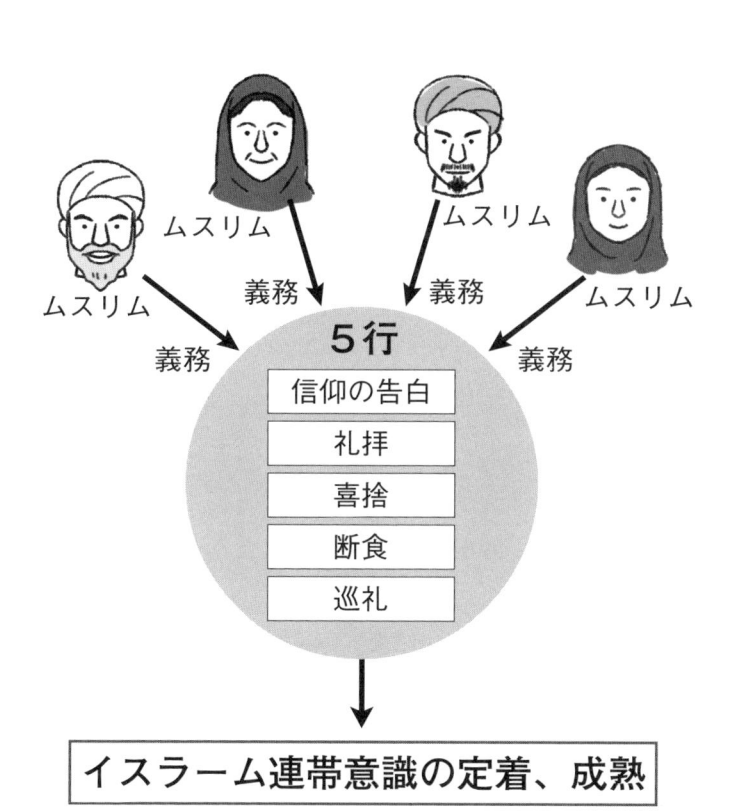

ムスリム　ムスリム　　　ムスリム　ムスリム
　　義務　　義務　　義務　　義務

5行
- 信仰の告白
- 礼拝
- 喜捨
- 断食
- 巡礼

イスラーム連帯意識の定着、成熟

⟨8⟩ イスラーム教を特徴づける喜捨という行為

　5行の中で特徴的な義務は「喜捨」という行為です。喜捨には，税金のように法的に額が決められた「ザカート」と，自由意思による「サダカ」の2つがあります。法的に決められた額はそれぞれの宗派によって違いますが，自由意思の喜捨には決められた額はありません。この「喜捨」という行為が義務として定められたことが，イスラーム世界を形成させ拡大させたのです。また，この義務こそイスラーム世界内の平和を維持すると同時に，何かと話題のイスラーム運動の資金を生み出します。

　イスラーム以前のアラブ世界では，人々は常に生命の危機にさらされていました。持てる者は持たざる者に襲われることが当たり前の世界であり，略奪が正義とされていた世界でした。イスラーム教は，この環境を破壊し，平安を確立することに成功しました。

　「喜捨」の制度は，「持てる者」が「持たざる者」を救済し，略奪せざるをえない環境を封印したのです。その巧妙な仕組みは極めて簡単で，「持てる者」が「持たざる者」を略奪される前に救済するシステムであり，「富の分配」と呼ばれています。

　「富の分配」は，富者になった者がその一部分をアッラーに納税し，アッラーが貧者に配るという形をとります。このため，両者の間に上下の人間関係は生まれません。

〈財貨の表面的な流れ〉

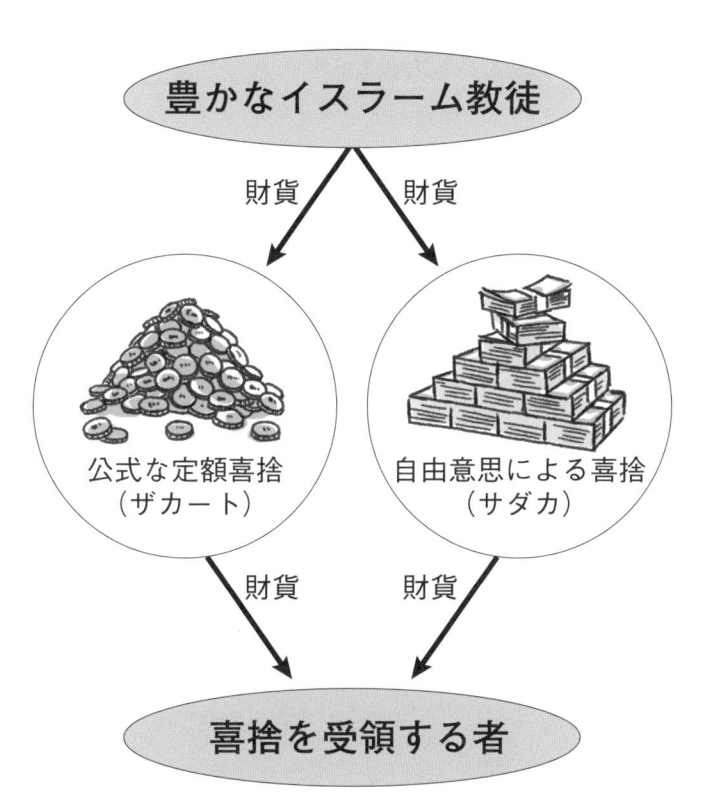

豊かなイスラーム教徒

財貨　　財貨

公式な定額喜捨
（ザカート）

自由意思による喜捨
（サダカ）

財貨　　財貨

喜捨を受領する者

⑨ 巧妙な喜捨のシステム

　イスラーム世界では，豊かな者は，貧しき者，資金を必要とする者に喜捨することに極めて積極的です。イスラーム世界では，喜捨の義務を果たした者は，聖戦で死んだときと同様，来世で天国が約束されることになるからです。それゆえ，豊かな者はこの義務を果たすことのできる機会を待つことになります。彼らは喜捨の義務を果たすチャンスを手にしたときには，アッラーに感謝の言葉を述べます。また，富を受け取った貧者もアッラーに感謝します。こうして，富者から貧者に対する富の移譲は，互いのアッラーに対する感謝の気持ちの中で行われます。

　この救済システムは，財貨の流れに大きな特徴を見ることができます。普通救済システムは，財の流れにより，上下の人間関係を生みます。しかし，元々アラブ人は身分に上下の関係を作るのが好きではありません。馴染まないのです。そこで，喜捨による財貨は，まずアッラーのもとに集められ，アッラーから貧者へ流れるという形をとります。それゆえ，喜捨を受けとった者は，喜捨してくれた人に感謝の言葉をかけることはありません。また，受けとった財貨をどのように使うかについて制限を受けることもありません。こうして，財貨の移動によって通常生まれる身分の差は生まれず，アッラーの前の平等が維持されるのです。

〈財貨の真の流れ〉

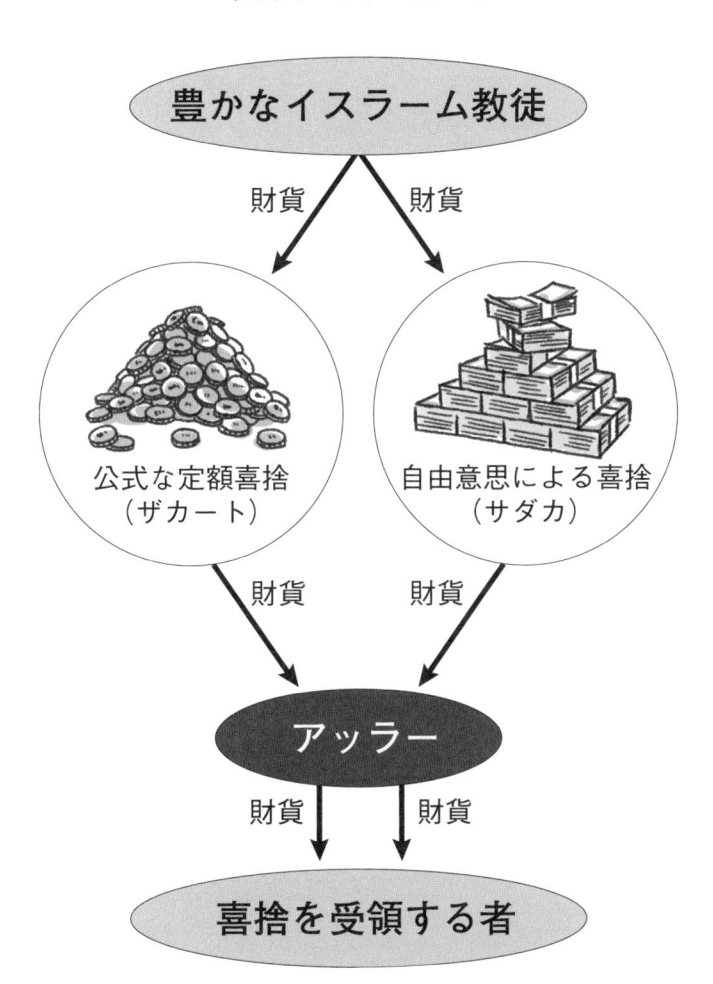

豊かなイスラーム教徒

財貨 → 公式な定額喜捨（ザカート）
財貨 → 自由意思による喜捨（サダカ）

財貨 ↓　財貨 ↓

アッラー

財貨 ↓　財貨 ↓

喜捨を受領する者

⟨10⟩ 法解釈者のいる世界

　イスラーム世界はアッラーの法の下に構成されている世界です。しかし，法源は「アル・クラーン」だけではありません。この法の現実的な運用を最初に展開した預言者ムハンマドの解釈とその言動の記録（「ハディース」）も，第2の法源として扱われます。

　イスラーム教にはキリスト教の神父，牧師のような者はいませんが，アッラーの法を解釈してくれる「ウラマー」と呼ばれる人々がいます。イスラーム世界は「アル・クラーン」と「ハディース」を2大法源として成立しましたが，両書が難解なアラビア語で書かれているために，その意味を理解することは一般の教徒の手に余るものでした。また，その解釈が問題となりました。預言者時代には預言者が法解釈をしてくれたため問題とはなりませんでしたが，預言者亡き後は法学者，神学者等の手に任せられたのです。こうして，イスラーム世界には，「ウラマー」と呼ばれる法学者，神学者が登場してくることになります。

　普通「ウラマー」は，イスラーム教系の大学の神学部，法学部の教授がその任に当たります。すなわち「ウラマー」は，宗教界での職種ではなく，普通は大学教授であって，生活の基盤も大学にあります。教徒から相談料を受け取るということもありません。

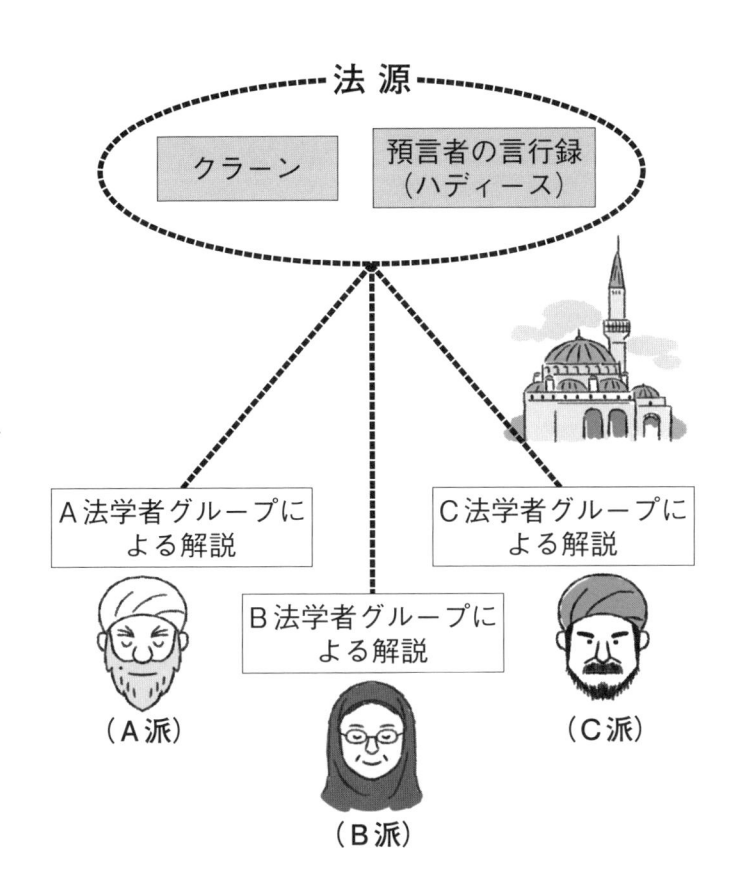

```
                    ┌──── 法源 ────┐
                    │              │
                    │  クラーン   預言者の言行録  │
                    │            （ハディース）  │
                    └──────────────┘
                           │
        ┌──────────────────┼──────────────────┐
   A法学者グループに                       C法学者グループに
     よる解説                                 よる解説
                    B法学者グループに
                       よる解説

    （A派）            （B派）              （C派）
```

⟨11⟩ モザイク的なイスラーム世界

　イスラーム世界はアッラーの律法により構築されている世界ですが，その律法が難解なアラビア語で書かれているため，解釈で問題が起きたことは先に述べました。

　預言者の時代には預言者しか解釈をする者がいなかったため，解釈は1つでした。すなわち，イスラーム世界は1つだったのです。しかし，預言者が亡くなり，イスラーム教が世界に拡散していく過程で，律法がそれぞれの地域で異なって解釈されるという現象が生じました。その結果，イスラーム世界は「スンニー派」と「シーア・アリー」通称「シーア派」に分かれたのです。そして，2つの派の内部でも多くの法解釈の世界が生まれ，イスラーム世界はモザイク的な世界となりました。さらに例えば，スンニー派には4つの法解釈の世界がありますが，その4つの中も細分化されています。

　しかし，イスラーム世界はアッラーと個々の教徒が直接つながる世界ですので，それぞれの解釈は独立し，他に影響が及ばないようになっています。1つの法解釈は，派生したもとの法解釈であっても，影響を受けません。例えば，ウサマ・ビン・ラーデンの法解釈は，その源流であるサウジアラビアの宗派の法解釈により拘束されるものではないのです。教徒それぞれがアッラーと直接結びつくというイスラーム教の大原則が，縦割りの世界を否定するのです。

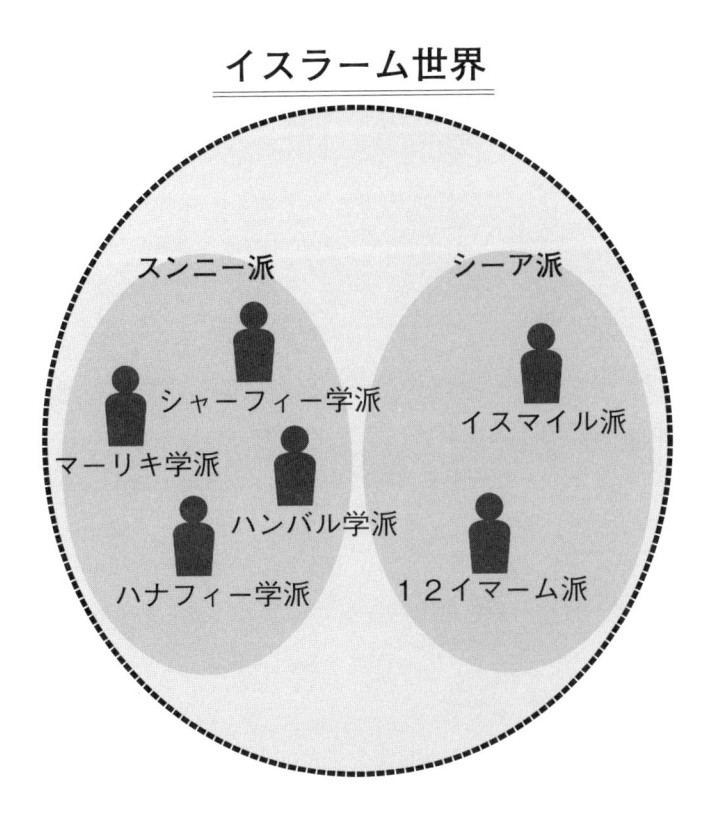

イスラーム世界

- スンニー派
  - シャーフィー学派
  - マーリキ学派
  - ハンバル学派
  - ハナフィー学派
- シーア派
  - イスマイル派
  - １２イマーム派

⟨12⟩ イスラーム教徒の日常生活

　イスラーム教徒（ムスリム）の生活はイスラーム法の下で営まれますが，生活していく中で，1日5回の礼拝や，その他の法を守ることができない場合が生じます。そこで，7日に1日「聖なる日」すなわちアッラーとの契約を完全に守る日を設けています。それが金曜日です。

　普段イスラーム教徒は仕事の手を休めて礼拝を行いますが，それができない場合には，金曜日の礼拝をもって補うことができるとされています。なお，日常の礼拝は単独で場所を選ばずできますが，金曜日のお昼の礼拝は集合して行われます。1人での礼拝は意味を成さないとされています。そこで，金曜日を「集まる日」アラビア語で「ヨーム・ジョマ」といいます。また，集まる場所を「ジャーミゥ」といい，これが「金曜日のモスク」を意味します。教徒は，金曜日のお昼にジャーミゥに行って集団礼拝を行い，礼拝後，各自が抱えている問題をウラマー（イスラーム法学者）に相談します。また，ジャーミゥにある喜捨箱に喜捨を行い，アッラーとの約束を履行します。

　ところで，ムスリムが義務を果たすことは，いかなる人も邪魔をすることができません。また，ムスリムが豚肉を食すなどの禁忌を犯すことも原則的にありません。特に，イスラーム過激派に属している人が，禁忌を犯すことはまずありません。

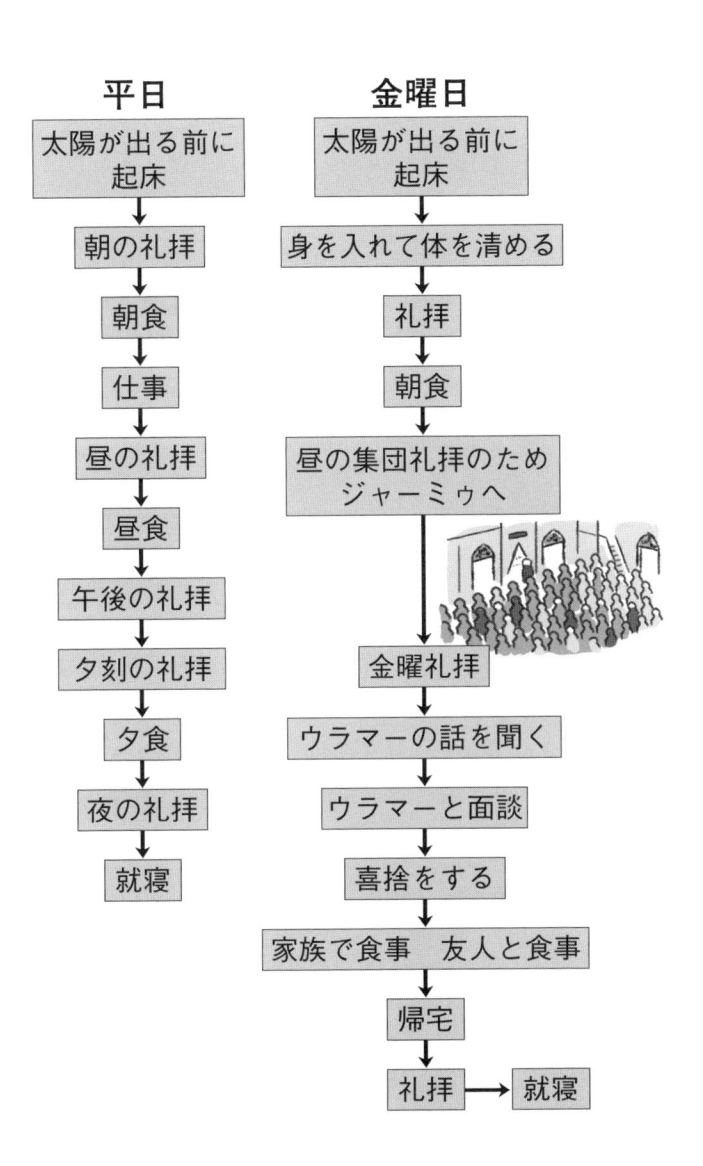

平日	金曜日
太陽が出る前に起床	太陽が出る前に起床
朝の礼拝	身を入れて体を清める
朝食	礼拝
仕事	朝食
昼の礼拝	昼の集団礼拝のためジャーミゥへ
昼食	
午後の礼拝	
夕刻の礼拝	金曜礼拝
夕食	ウラマーの話を聞く
夜の礼拝	ウラマーと面談
就寝	喜捨をする
	家族で食事　友人と食事
	帰宅
	礼拝 → 就寝

⟨13⟩ 聖なる金曜日の重要性

　金曜日のお昼の礼拝は、特に「サラートゥル・ジョマ」と呼ばれ、礼拝の中でも特別に重要な礼拝とされています。

　金曜日の礼拝は、集団で行うことに意味があると定められ、1人での礼拝は無意味なものとして理解されています。

　礼拝するだけで教徒の義務が果たされるというものではなく、この日はイスラーム教徒がイスラーム世界の現状、イスラームが抱えている問題等について、高名なイスラーム法学者、神学者等から判断を聞くことが出来る日でもあります。それは、現在のイスラームが抱える問題、環境の変化とイスラーム法の対応についてなどの法解釈を聞き、イスラーム教徒の生き方に重要な助言が聞ける日ともなります。

　また、礼拝後には、教徒にとって重要な義務である納税に似たザカート、寄付に似たサダカという6信5行に定められた、「喜捨の行」を果たす日でもあります。イスラーム教徒は、1週間の稼ぎの中から、アッラーへの義務であるサダカとザカートを、礼拝所に設置されている箱の中へ入れるか、担当者に手渡します。納める金額は、本人の意思にまかされており、規定はありません。礼拝所によっては、ザカート、サダカの受領書を交付してくれる所もあります。このお金は後に、援助を必要とする個人や団体に配布され、イスラームにとって最重要である「富の公平な分配」を実現することになります。このように、金曜日の礼拝はアッラーとの契約を履行する上で重要な日となっています。

金曜日（お昼）の礼拝

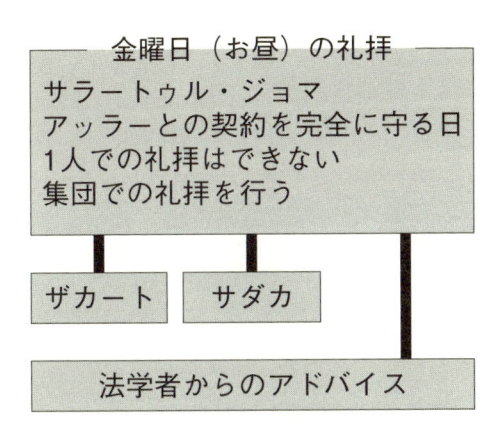

サラートゥル・ジョマ
アッラーとの契約を完全に守る日
1人での礼拝はできない
集団での礼拝を行う

- ザカート
- サダカ

法学者からのアドバイス

⟨14⟩ ジャーミゥ（モスク）とは

　日本ではイスラーム教の寺院と一般的に思われ，「モスク」と呼ばれているのが，「ジャーミゥ」と呼ばれ金曜の合同礼拝に使われます。個人的に使用される礼拝所は，「マスジット」と呼ばれます。

　礼拝所の中は，礼拝するときの方向，すなわちマッカ（メッカ）の方向を示す印として壁に窪みをつけるか，もしくは印が書かれているだけであり，男女が礼拝する空間が別々に設けられています。また，集団礼拝が終わった後には，「ウラマー」がイスラーム法に視点を置いた世情の分析を行う場が設けられます。このため，集団礼拝（金曜日の礼拝）用の礼拝所（ジャーミゥ）には，「ウラマー」を育てる教育機関，すなわち大学が付属して設けられている場合が多いのです。大学はアラビア語で「ジャーミア」と呼びます。集団礼拝の後に話をする「ウラマー」，礼拝後イスラーム教徒の相談に乗る「ウラマー」は，この付属の大学教授がその任に当たります。

　先に述べたように，基本的にイスラーム教はこの世を聖と俗に分けないため，礼拝所は聖なる場所ではありません。そのため，礼拝以外の時間はさまざまな使われ方をします。最も一般的には，子供にイスラームを教える場所として利用されます。しかし，緊急の時は避難所として使われ，戦争になれば砦にもなります。ときには昼寝の場所としても使われます。ちなみに，管理者はいますが「ウラマー」が定住することはありません。

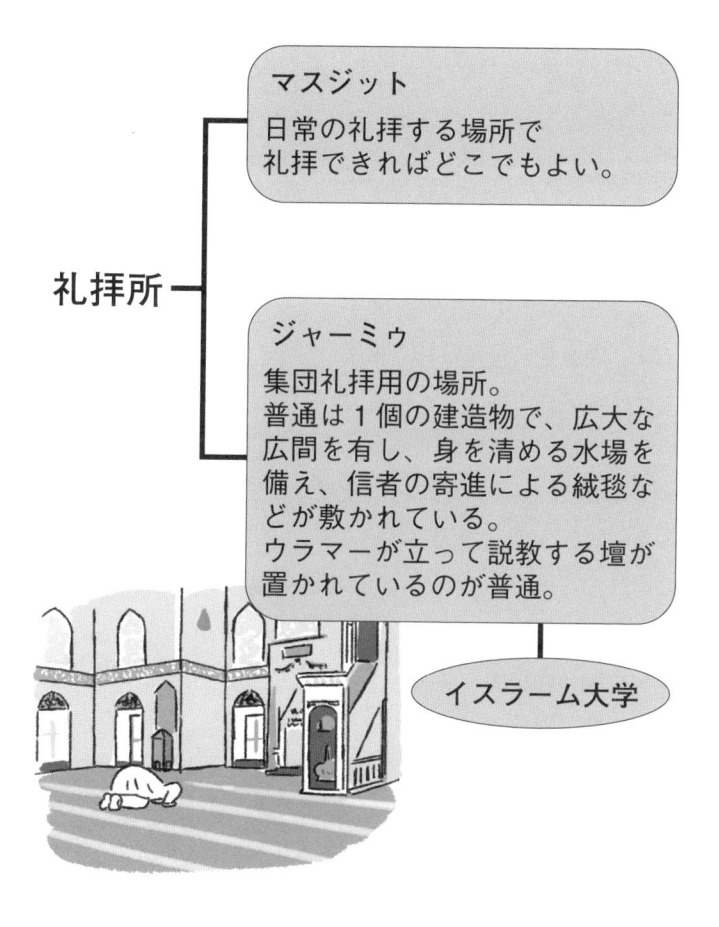

礼拝所
├─ **マスジット**
│ 日常の礼拝する場所で礼拝できればどこでもよい。
│
└─ **ジャーミゥ**
   集団礼拝用の場所。
   普通は1個の建造物で、広大な広間を有し、身を清める水場を備え、信者の寄進による絨毯などが敷かれている。
   ウラマーが立って説教する壇が置かれているのが普通。
   └─ イスラーム大学

15 ジャーミゥの隠れた機能

　イスラーム教徒にとってモスクとは集団礼拝するための場所として重要ですが，それぞれの宗派によってその扱われ方も異なるようです。普通1つの礼拝所は1つの宗派のみのものとなりますが，イスラーム教徒であれば自分の属していない宗派の礼拝所であっても礼拝が許されます。その結果，礼拝所はイスラーム教徒同士が接触する場となり，さまざまな情報が交差する場所ともなります。

　特に金曜日に使用される集団礼拝所（ジャーミゥ）は，イスラーム学者と接触する場所でもあり，イスラーム教徒の義務である納税に似たザカート，寄付に似たサダカを納める場所でもあり，アッラーに救済を求める場所でもあります。イスラーム学者の話を聞く機会を持つことが出来るばかりか，生活におけるイスラーム法上の指摘を受け，「最後の審判」到来時に備えた人生の安心感を得る場所でもあります。

　しかし，礼拝所に過激なイスラーム観を持つイスラーム学者が現れた場合，穏健なイスラーム教徒が，彼らの持つ過激なイスラーム観の影響を受ける恐れが生じます。それゆえ，金曜日の礼拝で指導を行うイスラーム学者の神学上の立場が問題となり，過激的イスラーム運動という視点から見た場合，警戒すべき問題となります。

集団礼拝所 — ジャーミゥ
２４時間開放・ほぼ無人・許可なしに使用可能

ウラマー

イスラーム教徒が集まり
法学者の話を聞き
情報を交換する

教徒

⑯ イスラーム運動の発生

　今，世界の注目はイスラーム教徒の動向に集まっています。それはあの忌まわしい9.11事件の影響であると思いますが，イスラーム運動はイスラーム教がこの世に現れた時からある長い歴史を持つ運動です。特に，預言者が亡くなった後のイスラーム世界では，言葉の解釈を巡ってイスラーム教徒同士間の激しい運動として展開されてきました。

　基本的に，イスラーム運動はアッラーとの契約を守ることの出来る環境が破壊されたときに発生します。身近な環境がアッラーとの契約を守ることが出来なくなったと自覚したとき，それを改善しようとして運動が起きます。それゆえ，運動といってもごく個人的な小レベルでの運動から，一地域全体を含む大きな運動として展開される場合もあります。アッラーとの契約を守ることは，イスラーム教徒にとって「最後の審判」へ臨む重要な環境ですから，この環境を維持するための努力を図ろうという運動がイスラーム運動といえるでしょう。近代におけるイスラーム運動は，1798年のナポレオンのエジプト遠征によって生じた緊張により生まれたイスラーム的危機感から生まれたともいわれています。

イスラーム世界

- 民主主義
- 西欧風俗
- 西欧映画
- 西欧音楽
- 議会制度

→ 非イスラーム世界の出現
政教分離への流れ

↓

イスラーム運動の発生

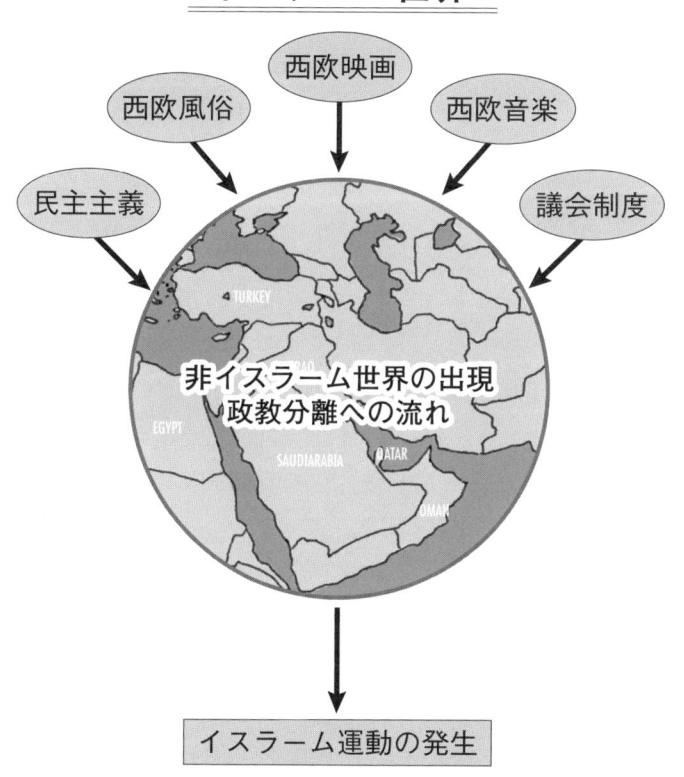

⟨17⟩ 運動の源泉「イスラームは最後の啓示」

　イスラーム運動はなぜ起きるのでしょうか。これまでイスラーム世界は，環境の変化に応じてイスラーム法解釈を微妙に変化させて対応をしてきました。しかし，変化に応じて法解釈を展開した場合，アッラーの命令そのものから逸脱する可能性が生まれ，法解釈の努力に応じきれないときに，イスラーム世界は預言者時代に戻ろうとする動きを見せてきました。

　なぜイスラーム世界は預言者時代に戻ろうとするのでしょうか。それは「アル・クラーン」が下りたとき，アッラーはこれを「最後の契約書」としたためです。これにより，新しい契約書は下されないことになったのです。世の中が乱れ希望が失われたとき，新たな契約書を届けてくれる救世主（メシヤ）が現れるというのが，彼らの伝統的な考えでした。預言者ムハンマドが最後の預言者であるとなれば，預言者時代に戻ることがが唯一の救済方法となります。このように，変化する環境の中で，イスラームを守ろうとした人が考えて出した結論の一つが，「預言者時代に戻ろう」という運動でした。これを回帰運動（サラフィーヤ）と呼び，預言者時代への回帰を主張する運動が始まりました。それがイスラーム運動です。

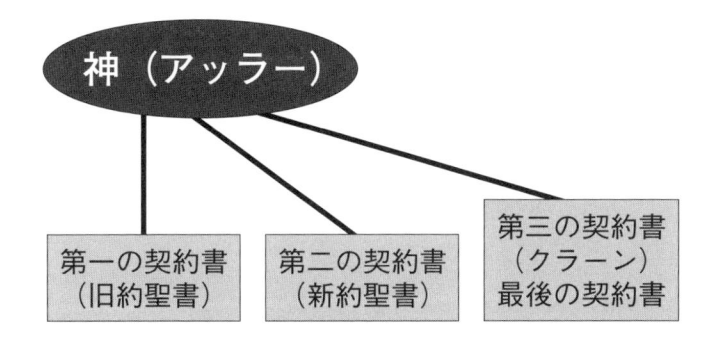

```
        神（アッラー）
       /      |      \
第一の契約書  第二の契約書   第三の契約書
（旧約聖書）  （新約聖書）   （クラーン）
                        最後の契約書
```

回帰運動のサイクル

```
        預言者時代の
        法解釈の時代
       ↗           ↘
預言者時代の         さまざまな学者による
法解釈への回帰       法解釈の時代
       ↖           ↙
         法解釈の停滞
```

18 穏健派イスラームと過激派イスラーム

　今，世界は過激的にして破壊的なイスラーム集団に手を焼いています。「タリバン」，「アル・カーイダ」，「イスラム国」等の名前は，連日のようにテロという言葉とともに新聞を賑わし，世界は「新たな戦争」の時代に入ったと報じています。しかし，全イスラーム世界を構成している教徒の99％は過激派といわれる集団には属していないといえましょう。

　過激派に属さない大部分のイスラーム教徒は，アッラーと教徒の間に何者も介在させないという，イスラーム教の原則を崩さずに生活をしています。

　過激派イスラーム集団とは，イスラーム教の原則を無視し，アッラーと教徒の間に指導者と称する人物が登場し，イスラーム教徒を直接指導しているイスラーム教集団です。

　「アッラーによる直接統治」というイスラーム教独特の教えは，「イスラーム教徒間の完全平等」「アッラーと教徒の直接的関係」というイスラーム世界を作る重要な制度です。僧侶，神父，神官等，寺院，神社，教会等の階級も組織も存在しないイスラーム教では，「アッラーの前での平等」がその原点です。

　ある特定の人物に率いられる過激派といわれる集団は，イスラーム教の基本とは異なる集団であると判断されてしかるべきですが，教徒が教徒の行動に善悪の判断を下すことの出来ないイスラーム教世界では，アッラーの判断を待つしかないのです。

```
┌─ 穏健派イスラーム集団 ──────────┐
│                                    │
│         アッラー（神）              │
│                                    │
│              イスラームの原則を      │
│              崩さずに生活           │
│                                    │
│                                    │
│                   6信5行の慣行      │
│                                    │
│  教徒  教徒  教徒  教徒             │
│                                    │
│       一般的なイスラーム教徒         │
│                                    │
│ ┌─少数                             │
└─┼──────────────────┘
  │
┌─┴ 過激派イスラーム集団 ──────────┐
│                                    │
│  イスラームの原則を無視              │
│  アッラーと教徒の間に指導者が存在    │
│  教徒を直接指導→聖戦への誘導・熱望   │
│                                    │
└──────────────────────┘
```

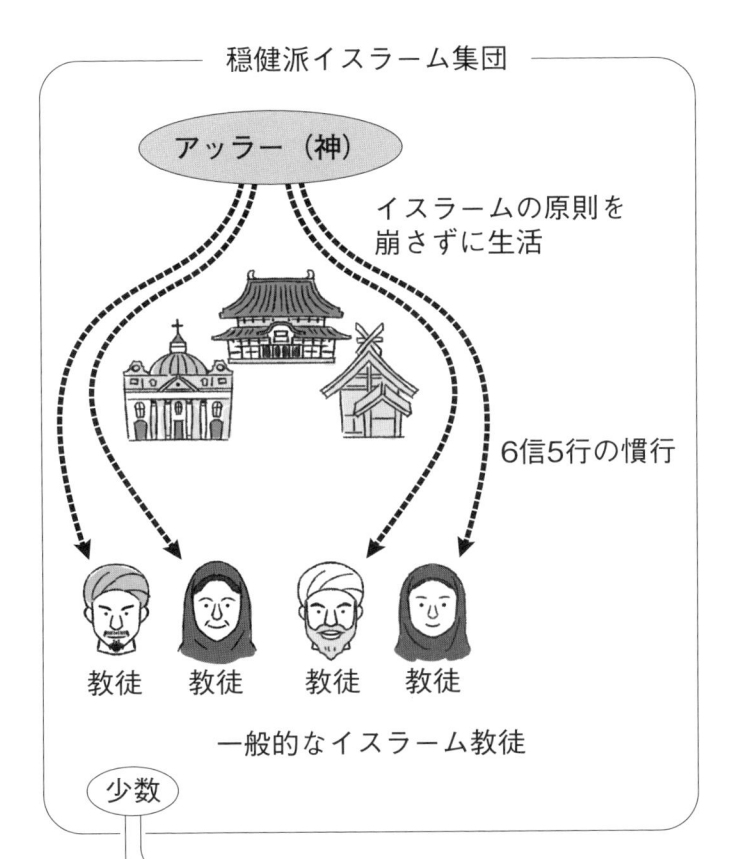

⟨19⟩ 穏健的イスラーム運動

　全てのイスラーム運動が「アル・カーイダ」や「イスラム国」のように危険な行動を起こすものであるとする判断は誤っています。敬虔なイスラーム教徒が個人的にイスラーム的生活を完熟させたいとする自己啓発型の運動は，他人の生活に介入することはありません。このような教徒は，アッラーとの世界の中で生き，信仰の厚い教徒として認められます。

　自分の住んでいる環境がイスラーム的環境として満足いくものではないと判断し，これを是正しようと行動する生活環境改善型の運動もあります。この運動は，自分の周辺の生活環境の改善のため積極的に行動し，礼拝所の整備や街路の清掃，医療環境の整備，イスラーム的道徳の定着，子供に対するイスラーム教育の実施など，政治的色彩を持たないイスラーム的生活環境の整備に積極的に取り組みます。この運動を行う教徒が自己啓発型の教徒以上に大きな信頼を得ることはもちろんです。また，奉仕運動の枠組みからはみ出すことはありませんし，生活環境改善のため政府に訴えるとか政治運動を展開するということはありません。

　このような隠れた善行より一段枠を超えて活動する，社会改革型といわれる運動も存在します。この型に属する教徒の活動は一地域に限定し，仲間を集め自分たちの生活改善を政府機関に訴え，活動を公にして動きます。

穏健的運動

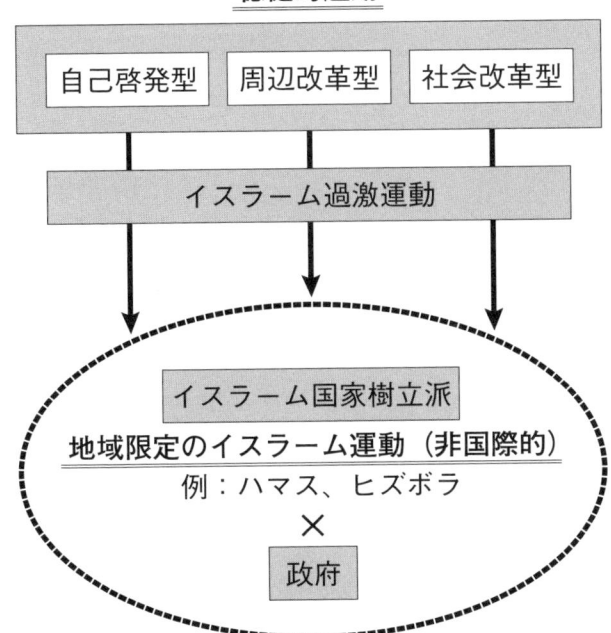

| 自己啓発型 | 周辺改革型 | 社会改革型 |

イスラーム過激運動

イスラーム国家樹立派
地域限定のイスラーム運動（非国際的）
例：ハマス、ヒズボラ
×
政府

⟨20⟩ 過激的イスラーム運動

　さらに，一地域から離れ国家全体，社会全体を視野に入れたイスラーム的改善を訴える運動もあります。もちろん，社会改革から始まり，ときには政策の転換を要求します。この段階の運動では，保守的で攻撃的な法解釈論を展開する「ウラマー」（イスラーム神学者，法学者）が登場してくる場合もあります。集団礼拝所ばかりか，普通の礼拝所で国家や国民を相手にイスラーム的社会の建設を訴えます。ただ，イスラーム的秩序による社会変革型を目指した活動を展開しますが，国家を転覆させ理想のイスラーム国家成立を目指すものではありません。言論による社会改革を図ろうとする運動であり，政治的色彩を強く帯びてきます。しかし，この段階でも過激派とはいえません。

　このようなグループから脱して，国家そのものを変革させ理想のイスラーム国家を建設しようとする集団が生まれます。この集団は，明確に反政府運動を展開し，ときには武装闘争にまで拡大します。このようなイスラーム政権樹立型は，政府の強力な弾圧を受け，「ウラマー」は政府の圧力を受けることになりますが，イスラームに関する見解の相違が対立の基本になっているため，政府も簡単に拘束することはできません。また，この運動を展開する中で政府に対するテロ等の暴力的手段も使われますが，それはあくまでも国内に限定したものであり，国際的な活動をすることはありません。

イスラーム運動の一般的なコース
(この段階では国際テロリストとはならない)

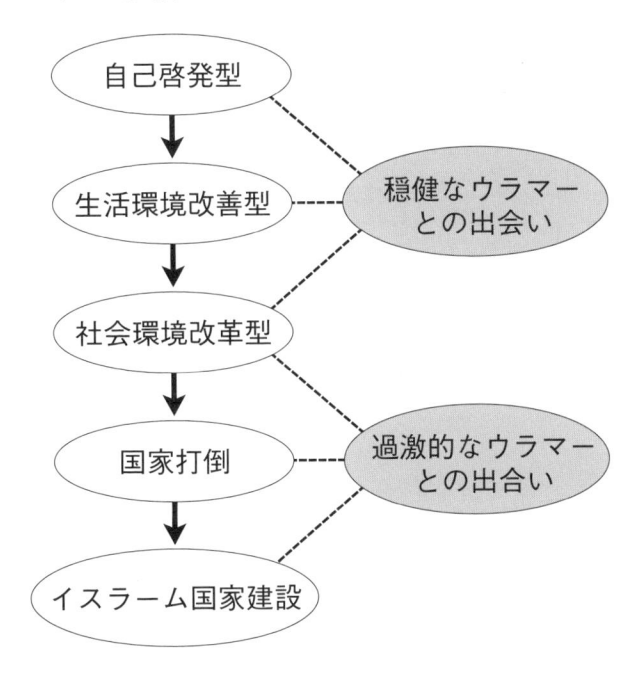

```
自己啓発型
   ↓
生活環境改善型 ------ 穏健なウラマー
   ↓                   との出会い
社会環境改革型 ------/
   ↓
国家打倒 ------------ 過激的なウラマー
   ↓                   との出合い
イスラーム国家建設 ---/
```

㉑ 過激派運動で注目される「聖戦」とは

　イスラーム教徒にとって重要な「6信5行」の中に，有名な「聖戦」(ジハード) は入っていません。しかし，イスラーム教徒の中には，聖戦は礼拝，巡礼，断食，喜捨と同様，義務であると判断している人もいます。

　もともとジハードとは「努力する」という言葉から派生したもので，問題の解決に努力すると言う意味です。ジハードは，「内面のジハード」と，「侵略軍との戦い，聖戦」を意味する「外面のジハード」の2つの意味を持っています。前者は個人の意識の問題であり，後者は侵略軍に対する戦いを意味します。かつては，イスラーム世界の拡大に伴って，「イスラーム世界の拡張への努力」をも意味しましたが，現代ではその意味は薄くなっています。

　「聖戦」(ジハード) が礼拝同様，イスラーム教徒にとって義務かどうかという論争の内容は，各宗派によって異なっていますが，基本的な考え方は大変ユニークで，「聖戦」は侵略された地域に住むイスラーム教徒にとっては義務となるが，それ以外の地域に住むイスラーム教徒には義務とはならない，というのです。アフガニスタンにソ連軍が侵攻したときも，アフガニスタンのイスラーム教徒には聖戦の義務が生じるが，他の地域に住むイスラーム教徒にはその義務は生じないと解釈されました。その理由は，「聖戦」が全イスラーム教徒の義務とすると，全イスラーム世界が戦争に巻き込まれるためであると思われます。

イスラーム世界

侵略軍

この地域に住む
イスラーム教徒に
聖戦の義務が
課せられる

侵略された地域　　　　　　　非侵略地域

この地域に住むイスラーム教徒には
聖戦の義務は課せられない

㉒ 国際的テロ集団としてのアル・カーイダ

　過激な運動によって国外追放処分となり，国際的過激イスラーム運動家となった典型的な人物が，9.11事件で世界に知られたウサマ・ビン・ラーデンです。彼はウラマー（イスラーム法学者）ではありませんが，アフガニスタンでイスラーム教世界の破壊者ソ連軍に対する「聖戦」に参加し帰国した人物で，サウジアラビアのイスラーム教世界では英雄として尊敬する者たちがいます。その結果，彼の発言は大きな影響を与えました。彼は2011年5月に米国の特殊部隊により殺害されますが，その彼が行動の拠点としたのが「アル・カーイダ」と呼ばれる組織です。

　ウサマ・ビン・ラーデンの思想行動は，今日のイスラーム教世界は欧米の文化によって汚されているとの考えから，その原因である欧米文化をイスラーム世界から排除することが，イスラーム教世界の浄化に必要不可欠であると判断し，イスラーム教世界から欧米文化を追放してイスラーム教的世界を再建させることを願ったことです。それを実現するために彼が選択した方法は，主権を持つ国民を無差別に攻撃し，その恐怖をもって政治を変えるという，古くからこの地域にある伝統的な戦法，「テロ」によるものでした。「相手に恐怖を与え，国民を攻撃して政策を変えさせる」という戦法が，9.11事件を起こし世界を震撼させましたが，世界はそれに屈せず「テロ」との戦いに動き出しました。今,「アル・カーイダ」は「アイマン・ザワヒリ」を2代目指導者として，なお存続しています。

アル・カーイダ

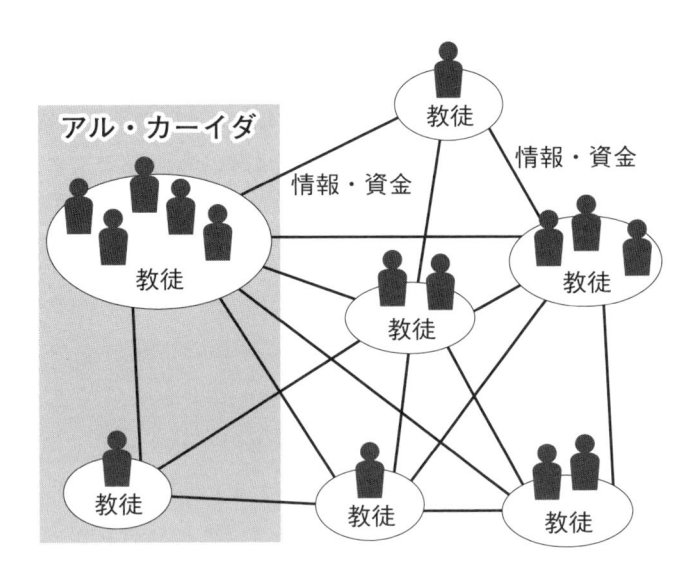

教徒

情報・資金　　　情報・資金

教徒　　　教徒　　　教徒

教徒　　　教徒

教徒　　　教徒　　　教徒

＊アル・カーイダとは国を追われたイスラーム教徒が共食、共存している場所であり、そこには専門的知識を有する者、情報を持つ者、資金ルートを提供する者たちがたむろしている。

㉓ 神学論不在の「イスラム国」

　2014年6月29日，イラクの沙漠から世界に向けて「イスラム国」建国が発表され，世界を戸惑わせました。イスラーム歴1435年の断食月（西暦2014年6月）の開始直前での発表から2年以上を経た今も，イラク西部，ユーフラテス河沿い，シリア沙漠に居座り続けています。イスラーム教世界では，過去にもイスラーム教団と称する集団による国が出現しました。リビアのサヌーシー，サウジアラビアのワッハーブがその一例でしょう。しかし，これらの集団には独自の「イスラーム神学」が備わっており，単なる武装集団ではありませんでした。イランのホメイニー師によるイスラーム革命も同様で，イスラーム教法学理論に基づく行動であり，「ホメイニー教団」としての権威がそこには存在していました。

　これに反して，今回「カリフ制」を軸とする「イスラム国」がその建国を発表しましたが，「アブー・バクル・バクダディ」を名乗る人物と，その後に続く彼らの一連の行動には，彼ら独自の「イスラーム神学」を見出すことは出来ません。神学が存在するとは認め難いと判断されれば，「イスラーム国」建国は沙漠の幻となります。

　しかし，この集団は「アル・カーイダ」のように国際世界を舞台として行動するテロ集団ではなく，アフガニスタンで建国を目指している「タリバン」同様，イラクに「イスラム国」を建国することを目的としているようです。その意味で「アル・カーイダ」のような「テロ組織」ではないともいえましょう。

マハディーの乱
　　国　：スダーン
　時　代：1881年～1898（約17年スダーン一帯を支配）
　指導者：ムハンマド・アハマド・マハディー
　経　緯：イスラーム神秘主義スーフィ系のサマーニーヤ教団で学んだ ムハンマド・アハマドはスダーンを支配するエジプト，英国に対して解放戦争を起こし1885年スダーンを解放，自らをマハディー（救世主）と称してイスラーム国建設を宣言，同年死亡。その後継者はカリフを名乗り約17年間に渡って統治，1898年に英国軍の反撃を受け崩壊した。
　神学論：教団独自の神学論は無くそれゆえ反植民地民族運動と評価されている。

ワッハーブ運動
　　国　：サウジアラビア
　時　代：約1740年～現代
　指導者：ムハンマド・イブン・アブドゥル・ワッハーブ
　経　緯：アラビア半島ナジュド地方出身のワッハーブはイスラーム神秘主義スーフィをメディーナ，イラン，イラク各地で学んだが最終的には14世紀に活躍したスンニー・ハンバル派のイブン・タイミーヤの思想を継承し帰国。クラーンとハディース（預言者の伝承録）のみを法解釈の源とする回帰運動を展開，イスラーム世界の浄化を志した。
　神学論：イスラーム・スンニー派のイブン・タイミーヤ神学を継承。

サヌーシー教団
　　国　：リビア
　時　代：約1843～1969年
　指導者：シーディ・ムハンマド・イブン・アリー・アツ・サヌーシー
　経　緯：1791年，アルジェリアで生まれたイスラーム神秘主義スーフィ学者としてメッカに教団を創設後，1843年にリビアに移り本格的なイスラーム運動を展開，トルコ，イタリア，英国などを相手として独立戦争を展開，1951年に王国として独立，1969年に故カダフィ大佐によるクーデターにより崩壊。
　神学論：神秘主義神学の基づくサヌーシー派を創設

イラン・イスラーム革命
　　国　：イラン
　時　代：1979年～現代
　指導者：アヤトラ・ホメイニー
　経　緯：1902年生まれのイスラーム指導者ホメイニーは米国の傀儡政権パーレビ国王の「白い革命」政策を批判し抵抗。アッラーによる直接統治こそ正しイランの政治であるとし，イスラーム法学者による直接統治論を展開，イラン・イスラーム共和国を建設し現在に至っている。
　神学論：イスラーム法学者による直接統治論

イスラム国（IS）
　　国　：イラク，シリア
　時　代：2014年6月～現代
　指導者：アブー・バクル・バクダディ
　経　緯：新政権誕生後のイラク情勢の中で始まったシーア派とスンニー派の復讐戦に周辺地域で過激派として動いていたイスラーム教徒が参入。その結果，イラク・イスラム国等の集団が誕生。それが評議会の下に結集，イスラム国（IS）誕生の背景を構成した。
　神学論：カリフ制復活を唱えるも神学論の裏付けはない。

24　さまざまなテロリスト達

　「アル・カーイダ」のように欧米を相手にスケールの大きなテロを展開する組織もあれば、国内限定レベルでのテロを展開する集団もいます。アフガニスタンに国家を作るために国内限定のテロを展開する「タリバン」。また、どう見ても掠奪・強盗武装集団の域を出ていないアフリカの「ボコ・ハラム」等、そしてイスラーム圏の各都市でテロ、破壊行為を展開している「ムスリム同胞団」系の集団による破壊。これら全てをテロ行為と呼ぶのは少々雑な感もしますが、いずれにしても計画者がいて実行者がいることは間違いありません。計画者はともかく、実行者はその目的から様々な思惑を抱き死の世界へ旅立つという背景を持っていることは、今も昔も変わらないようです。

　真剣にイスラーム教を守るためと思う者。イスラームでは許されない自殺を願い、「聖戦」に参加するという名目でテロ行為を借りて自殺を実行する者。身内の復讐のため自爆テロを実行する者。強制的に自爆テロに追い込まれる者。多額の報奨金を家族に残すためにテロリストになる者。自分の存在を世界に示すためにテロを実行する者等々がテロリストを構成しています。

　純粋にイスラームのために死をもって身を捧げるというイスラーム教徒が何人いるかは判明しませんが、その数は意外と多いと思われます。特に若い教徒にその傾向が強くあるといわれています。

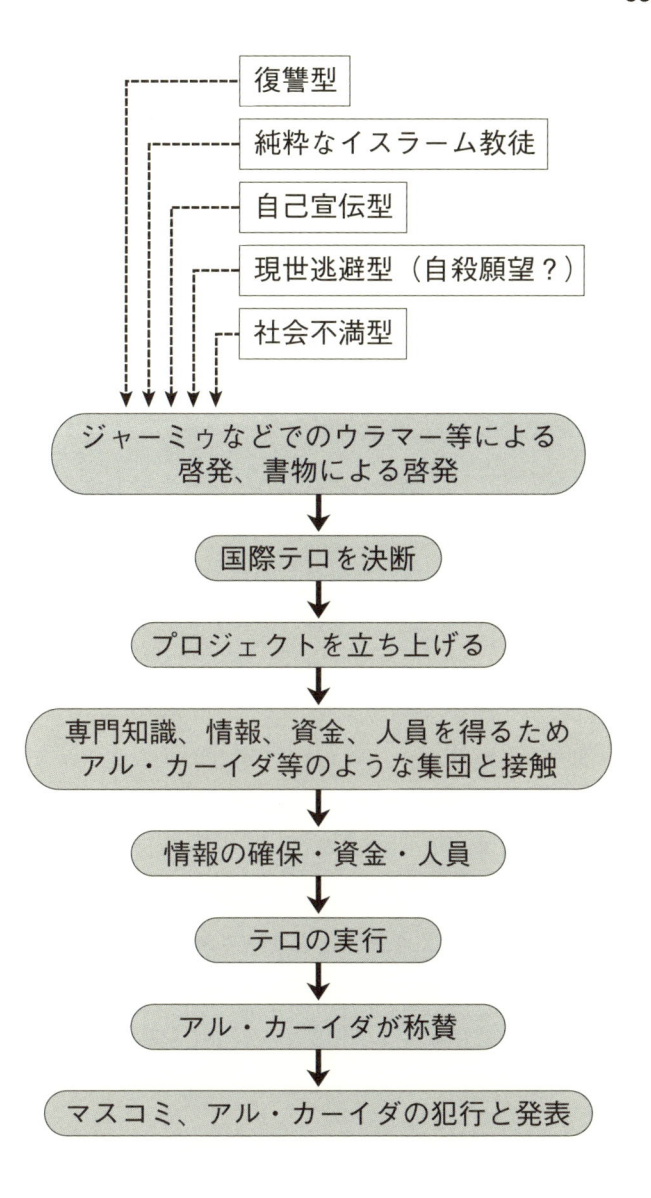

```
┌─────────────────┐
│ 復讐型          │
├─────────────────┤
│ 純粋なイスラーム教徒 │
├─────────────────┤
│ 自己宣伝型      │
├─────────────────┤
│ 現世逃避型（自殺願望？）│
├─────────────────┤
│ 社会不満型      │
└─────────────────┘
```

↓

ジャーミゥなどでのウラマー等による啓発、書物による啓発

↓

国際テロを決断

↓

プロジェクトを立ち上げる

↓

専門知識、情報、資金、人員を得るためアル・カーイダ等のような集団と接触

↓

情報の確保・資金・人員

↓

テロの実行

↓

アル・カーイダが称賛

↓

マスコミ、アル・カーイダの犯行と発表

㉕ 「アラブの春」に見る政教分離の嵐,「イスラーム」は耐えられるか

　21世紀に入りイスラーム世界がどのような状況下に置かれているかを示したのが，2011年春にチュニジアから始まった「アラブの春」いう現象でした。チュニジアの一青年がイスラーム教としてありえない焼身自殺をすることにより始まった騒乱は，今イスラーム世界がどのような歴史上の位置にあるのかを示したものでした。

　本来のイスラーム教徒であるならば焼身自殺など考えられないことですが，イスラーム教というアイデンティティが後退し，国家という意識が先行し始めた国民にとって，もはやイスラームは過去の存在，過去のアイデンティティに過ぎないものとして，彼らの世界に存在しているといえる現状がそこには表現されていました。

　イスラーム教離れというには未だ尚早であるという感がしますが，しかし，確実にアラブの若者には政教分離，国家意識の醸成という時代の進化が訪れていることは確かであるといえましょう。

　既存のイスラーム世界はこのような政教分離現象に反発し，今後一段とその動きを活発化させるものと思われますが，それは，これからのイスラーム世界を特徴する現象の一つとしてイスラーム教の歴史を特徴づけるものになるでしょう。

アラブの春

政教分離

〈著者紹介〉
渥美堅持（あつみ　けんじ）
一般財団法人昭和経済研究所アラブ調査室室長
東京国際大学名誉教授
〔主要著書〕
イスラーム基礎講座（東京堂出版）
イスラーム過激運動―その宗教的背景とテロリズム（東京堂出版）
イスラーム教を知る事典（東京堂出版）
中東の地政学（ABC出版）

図解 イスラーム教とその運動

平成19年7月20日　第1刷発行
平成28年9月15日　第4刷発行

著　者　　渥　美　堅　持
発行者　　橘　　　茂　雄
発行所　　立　花　書　房
東京都千代田区神田小川町3-28-2
電　話　　03-3291-1561（代表）
FAX　　03-3233-2871
http://tachibanashobo.co.jp

©2007 Kenji Atsumi
乱丁・落丁の際は本社でお取り替えいたします。
ISBN978-4-8037-1527-9 C3036